COMMENTAIRE

DE LA

LOI DU 25 MARS 1896

RELATIVE

AUX DROITS DES ENFANTS NATURELS

DANS

LA SUCCESSION DE LEURS PÈRE ET MÈRE

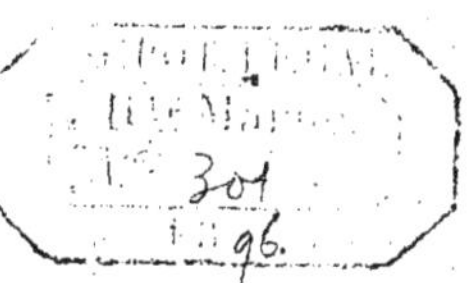

COMMENTAIRE

DE LA

LOI DU 25 MARS 1896

RELATIVE

AUX DROITS DES ENFANTS NATURELS

DANS

LA SUCCESSION DE LEURS PÈRE ET MÈRE

PAR

M. Paul HENRY

PROFESSEUR DE DROIT CIVIL AUX FACULTÉS CATHOLIQUES DE L'OUEST.

PRIX : 1 FRANC 50.

EXTRAIT DE LA *REVUE DU NOTARIAT*.

PARIS

IMPRIMERIE ET LIBRAIRIE GÉNÉRALE DE JURISPRUDENCE

MARCHAL ET BILLARD

IMPRIMEURS-ÉDITEURS, LIBRAIRES DE LA COUR DE CASSATION

**Maison principale : Place Dauphine, 27
Succursale : Rue Soufflot, 7**

1896

COMMENTAIRE

DE LA

LOI DU 25 MARS 1896

RELATIVE

AUX DROITS DES ENFANTS NATURELS

DANS

LA SUCCESSION DE LEURS PÈRE ET MÈRE

PAR

M. Paul HENRY

PROFESSEUR DE DROIT CIVIL AUX FACULTÉS CATHOLIQUES DE L'OUEST.

PRIX : 1 FRANC 50.

EXTRAIT DE LA *REVUE DU NOTARIAT*.

PARIS

IMPRIMERIE ET LIBRAIRIE GÉNÉRALE DE JURISPRUDENCE

MARCHAL ET BILLARD

IMPRIMEURS-ÉDITEURS, LIBRAIRES DE LA COUR DE CASSATION

Maison principale: Place Dauphine, 27
Succursale: Rue Soufflot, 7

1896

COMMENTAIRE DE LA LOI DU 25 MARS 1896

RELATIVE

AUX DROITS DES ENFANTS NATURELS

DANS LA SUCCESSION DE LEURS PÈRE ET MÈRE

AVANT-PROPOS

1. La question des droits successoraux des enfants naturels a passé, dans la législation de notre pays, par des phases bien diverses.

Sous l'ancien Droit, on posait en principe que, pour donner le droit de succéder, la parenté devait être légitime (1) ; et l'on disait, en conséquence : « Bastards, de quelque qualité qu'ils soient, ne succèdent point à leurs parens en ligne directe ou collatérale, sinon... à leurs enfans légitimes » (2).

Nos vieux jurisconsultes ne furent cependant pas sans entrailles pour les enfants naturels. Sous l'heureuse influence de ce qu'ils appelaient la *pietas canonica*, c'est-à-dire de l'esprit de commisération du droit canonique pour les faibles et les délaissés, ils lui reconnurent une créance alimentaire contre leurs parents (3).

---

(1) Pothier, *Successions*, ch. 1, sect. 2, art. 3, § 3.

(2) Guy Coquille, *Institution au droit français*, p. 150. Cette règle était également suivie dans les pays de droit écrit et dans les pays de droit coutumier. Furgole exceptait seulement le parlement de Grenoble, « où, disait il, le simple bâtard succède *ab intestat* à sa mère et à son aïeule maternelle... » (*Tr. des testaments*, ch. VI, sect. II, n° 103).

(3) Brillon, *Dictionnaire des arrêts*, v° *Aliments*. — M. Demôle, dont l'appréciation à l'égard du droit canonique (Sénat, 18 mars 1895), permet de supposer qu'il n'a pas beaucoup compulsé le *cor-*

L'incapacité successorale des *bâtards* n'était pas d'ailleurs la peine d'une faute qu'ils n'avaient pas commise : pas plus que celle que le législateur de 1896 édicte encore aujourd'hui contre les enfants incestueux ou adultérins.

Elle se fondait sur cette considération que le mariage étant « la seule voie légitime de propagation du genre humain »(1), les successions *ab intestat*, déférées à la famille du défunt, ne pouvaient appartenir qu'à des parents issus d'un mariage légitime (2).

Elle était donc plutôt dirigée contre les unions illicites que contre les enfants nés de ces unions : « La coustume de France, disait d'Olive (3), aspre ennemie du vice et soigneuse gardienne des bonnes mœurs... déclare toute sorte de bastards incapables des successions testamentaires et légitimes de leurs père et mère, sauf de pouvoir recueillir le fruit de quelque lais modéré pour le soutien de leur vie ».

Un système tout différent fut adopté par le droit intermé-

---

pus juris canonici, nous permettra de lui signaler un texte de ce recueil auquel tout esprit impartial attribue une si grande part dans l'histoire de la civilisation : le canon IV de la dist. LVI (*Pars prima*). D'après cette disposition, l'enfant naturel, même issu de l'adultère, s'il est lui-même vertueux, n'est pas atteint par le déshonneur de ses parents : « *Ex meretrice natus et adulterâ, si propriâ virtute decoretur, parentum suorum non dedecoratur opprobriis* » ; et elle ajoute cette règle sur la personnalité des mérites et des démérites : « *non est omnino, nec de virtute, nec de vitio parentum, aut laudandus aliquis, aut culpandus* ».

(1) *Dictionnaire de droit et de pratique* de Claude de Ferrière, vᵒ *Bastard*. — M. Dauphin faisait valoir la même considération, dans son rapport au Sénat, pour combattre l'assimilation que MM. Demôle et Tolain proposaient d'établir entre l'enfant légitime et l'enfant naturel dans la succession de l'auteur commun : « La famille, disait-il, n'est pas seulement un groupement qu'un père ou une mère composent à leur gré ; les lois, la morale, les religions, les mœurs dans le monde entier ne l'entendent pas ainsi. Dans le sens vrai et universellement accepté, c'est une institution sociale qui procède du mariage ».

(2) Comp. Domat, *Lois civiles*, Liv. prélim., tit. 2, sect. 1, nᵒ 3.

(3) *Questions notables de droict*, Liv. V, ch. XXXIV.

diaire. Au plus fort de la crise révolutionnaire, une loi du
12 brumaire an II (art. 2 et 9) attribua, en principe, les
mêmes droits de successibilité aux enfants naturels qu'aux
enfants légitimes. L'art. 13 excepta toutefois les enfants
adultérins : il accorda seulement à ces derniers, dans la succession de leurs père et mère, « à titre d'aliments, le tiers
en propriété de la portion à laquelle ils auraient droit, s'ils
étaient nés dans le mariage ».

Le Code civil admit une solution intermédiaire entre celle
de l'ancienne jurisprudence et celle de la Convention.

Il appela l'enfant naturel simple à la succession de ses
père et mère, mais avec ces notables restrictions : refus de
la qualité d'héritier et par suite de la saisine héréditaire
(comp. les art. 756, 724 et 773) ; réduction de sa quotité au
tiers, à la moitié ou aux trois quarts de celle qu'il aurait eue
s'il avait été légitime, selon la catégorie des parents légitimes laissés par le défunt (art. 757) ; incapacité de rien recevoir au delà de cette quotité par donation ou testament
(art. 908, comp. art. 760).

2. La loi du 25 mars 1896 vient de modifier l'œuvre du
Code civil dans un sens favorable aux enfants naturels. Cependant, grâce à l'interdiction toujours subsistante de la re-
cherche de la paternité (art. 340, C. civ.), cette amélioration
de la condition des enfants naturels ne sera souvent qu'une
amère ironie. Le législateur, en somme, leur tient ce langage : « Je vous fais la part bien large dans la succession de
votre père ; mais ne prétendez pas faire connaître ce père
quand il ne veut pas se révéler lui-même : j'oppose une fin
de non-recevoir absolue à une telle réclamation ! »

Cette loi procède de l'initiative parlementaire. Une proposition de MM. Le Tellier, Julien et Rivet, déposée une
première fois sur le bureau de la Chambre le 22 octobre 1888,
mais qui fut ensuite atteinte par la caducité parlementaire
se produisant à chaque changement de législature, fut reprise le 18 mars 1890 (1). Revenant à la thèse de la Convention, elle assimilait les enfants naturels simples aux enfants

______

(1) Voy. *Officiel* du 5 mai 1890 (*doc. parl.*).

légitimes dans la succession de leurs père et mère soit quant
à la nature, soit quant à la quotité des droits successoraux.

C'était, selon nous, établir l'égalité un peu à la manière
des socialistes, en faisant abstraction des bases essentielles,
sans lesquelles la Société ne saurait subsister.

Ce système, heureusement, n'a pas prévalu.

Il reçut une première atteinte de la Chambre des députés.

D'après la proposition amendée qui fut votée par cette
assemblée (1), la part de l'enfant légitime en concours avec
l'enfant naturel était doublée ; et, si ce dernier pouvait être
avantagé par des dispositions testamentaires, aucune amélioration de ses droits successoraux n'était, du moins, possible par donation entre vifs.

Enfin, à défaut de descendants légitimes, on y réservait
aux ascendants l'usufruit de la moitié de la succession, « nonobstant toute disposition entre vifs ou testamentaire ».

Le texte adopté par la Chambre fut lui-même atténué par
le Sénat, dont la rédaction adoptée ensuite par la Chambre
sans modification, le 21 mars 1896, a formé la loi nouvelle
promulguée le 25 mars suivant (2). On fit une part dans la
succession des père et mère naturels aux ascendants légitimes et même aux collatéraux privilégiés (frères et sœurs,
neveux et nièces) ; et les enfants naturels ne purent recevoir
cette part par des dispositions entre vifs.

3. Le législateur de 1896 ne s'est pas seulement occupé de
la succession des enfants naturels. Il a aussi envisagé ce
qu'on appelle la succession *passive* des enfants naturels,
c'est-à-dire la succession laissée par eux-mêmes. Mais, dans
la dernière rédaction, œuvre du Sénat, on ne rencontre à
cet égard, sauf le passage des père et mère de la catégorie
des successeurs irréguliers dans celle des héritiers, que les
dispositions elles-mêmes du Code civil.

4. Eclairée par ces premières observations générales, la loi
du 25 mars 1896 devient déjà d'une lecture facile.

En voici le texte intégral :

---

(1) *Officiel* du 22 juillet 1893.
(2) *Officiel* du 28 mars 1896.

« Art. 1ᵉʳ. — Il est créé au chapitre 3 du titre 1ᵉʳ du livre III du Code civil, une section VI avec le titre « des successions déférées aux enfants naturels légalement reconnus et des droits de leurs père et mère dans leur succession ».

« Cette section VI contiendra les articles suivants :

« Art. 756. — La loi n'accorde de droits aux enfants naturels sur les biens de leurs père ou mère décédés que lorsqu'ils ont été légalement reconnus. Les enfants naturels légalement reconnus sont appelés en qualité d'héritiers à la succession de leur père ou de leur mère décédés.

« Art. 757. — La loi n'accorde aucun droit aux enfants naturels sur les biens des parents de leur père ou de leur mère.

« Art. 758. — Le droit héréditaire de l'enfant naturel dans la succession de ses père ou mère est fixé ainsi qu'il suit :

« Si le père ou la mère a laissé des descendants légitimes, ce droit est de la moitié de la portion héréditaire qu'il aurait eue s'il eût été légitime.

« Art. 759. — Le droit est des trois quarts, lorsque les père ou mère ne laissent pas de descendants, mais bien des ascendants ou des frères ou sœurs, ou des descendants légitimes de frères ou sœurs.

« Art. 760. — L'enfant naturel a droit à la totalité des biens, lorsque ses père ou mère ne laissent ni descendants, ni ascendants, ni frères ou sœurs, ni descendants légitimes de frères ou sœurs.

« Art. 761. — En cas de prédécès des enfants naturels, leurs enfants et descendants peuvent réclamer les droits fixés par les articles précédents.

« Art. 762. — Les dispositions des art. 756, 758, 759 et 760 ne sont pas applicables aux enfants adultérins ou incestueux.

« La loi ne leur accorde que des aliments.

« Art. 763. — Ces aliments sont réglés eu égard aux facultés du père et de la mère, au nombre et à la qualité des héritiers légitimes.

« Art. 764. — Lorsque le père ou la mère de l'enfant adultérin ou incestueux lui auront fait apprendre un art méca-

nique, ou lorsque l'un d'eux lui aura assuré des aliments
de son vivant, l'enfant ne pourra élever aucune réclamation
contre leur succession.

« Art. 765. — La succession de l'enfant naturel décédé
sans postérité est dévolue au père ou à la mère qui l'a reconnu, ou, par moitié, à tous les deux, s'il a été reconnu
par les deux ».

« Les art. 756 à 765, C. civ., sont abrogés.

« Art. 2. — La section 1re du chapitre 4 du titre 1er du
livre III est intitulée : « des droits des frères et sœurs sur
les biens des enfants naturels ».

« Elle contiendra uniquement l'art. 766, C. civ. :

« Art. 766. — En cas de prédécès des père et mère de
l'enfant naturel décédé sans postérité, les biens qu'il en avait
reçus passent aux frères et sœurs légitimes, s'ils se retrouvent en nature dans la succession ; les actions en reprise,
s'il en existe, ou le prix des biens aliénés, s'il en est encore
dû, retournent également aux frères et sœurs légitimes. Tous
les autres biens passent aux frères et sœurs naturels ou à
leurs descendants. »

« Art. 3. — L'art. 908, C. civ., est modifié ainsi qu'il suit :

« Art. 908. — Les enfants naturels légalement reconnus
ne pourront rien recevoir par donation entre vifs au delà de
ce qui leur est accordé au titre des successions. Cette incapacité ne pourra être invoquée que par les descendants du
donateur, par ses ascendants, par ses frères et sœurs et les
descendants légitimes de ses frères et sœurs.

« Le père ou la mère qui les ont reconnus pourront leur
léguer tout ou partie de la quotité disponible, sans toutefois
qu'en aucun cas, lorsqu'ils se trouvent en concours avec des
descendants légitimes, un enfant naturel puisse recevoir
plus qu'une part d'enfant légitime le moins prenant.

« Les enfants adultérins ou incestueux ne pourront rien
recevoir par donation entre vifs ou par testament au delà de
ce qui leur est accordé par les art. 762, 763 et 764. »

« Art. 4. — Il est ajouté à l'art. 913, C. civ., un paragraphe 2 ainsi conçu :

« L'enfant naturel légalement reconnu a droit à une réserve. Cette réserve est une quotité de celle qu'il aurait eue s'il eût été légitime, calculée en observant la proportion qui existe entre la portion attribuée à l'enfant naturel au cas de succession *ab intestat* et celle qu'il aurait eue dans le même cas s'il eût été légitime. »

« Il est ajouté au même article 913 un troisième paragraphe reproduisant l'art. 914, C. civ., modifié ainsi qu'il suit :

« Sont compris dans le présent article, sous le nom d'enfants, les descendants en quelque degré que ce soit. Néanmoins, ils ne sont comptés que pour l'enfant qu'ils représentent dans la succession du disposant. »

« L'art. 915, C. civ., prendra le numéro 914.

« Art. 5. — L'art. 915 (nouveau) sera libellé ainsi qu'il suit :

« Art. 915. — Lorsque, à défaut d'enfants légitimes, le défunt laisse à la fois un ou plusieurs enfants naturels et des ascendants dans les deux lignes, ou dans une seule, les libéralités par actes entre vifs et par testaments ne pourront excéder la moitié des biens du disposant s'il n'y a qu'un enfant naturel, le tiers s'il y en a deux, le quart s'il y en a trois ou un plus grand nombre. Les biens ainsi réservés seront recueillis par les ascendants, jusqu'à concurrence d'un huitième de la succession, et le surplus par les enfants naturels.

« Art. 6. — Les art. 723 et 724, C. civ., sont modifiés ainsi qu'il suit :

« Art. 723. — La loi règle l'ordre de succéder entre les héritiers légitimes et les héritiers naturels. A leur défaut, les biens passent à l'époux survivant et, s'il n'y en a pas, à l'Etat.

« Art. 724. — Les héritiers légitimes et les héritiers naturels sont saisis de plein droit des biens, droits et actions du défunt, sous l'obligation d'acquitter toutes les charges de la succession. L'époux survivant et l'État doivent se faire envoyer en possession. »

« Art. 7. — L'art. 773, C. civ., est abrogé.

« Art. 8. — L'art. 53 de la loi des 28 avril-4 mai 1816 est modifié ainsi qu'il suit :

« L'enfant naturel légalement reconnu, appelé à la succession *ab intestat* ou testamentaire de son auteur, sera considéré, quant à la quotité du droit, comme enfant légitime. »

« **Disposition transitoire.**

« Art. 9. — Toute réclamation sera interdite à l'enfant naturel lorsqu'il aura reçu du vivant de ses père et mère, avant la date de la promulgation de la présente loi, la moitié de ce qui lui est attribué par les art. 758, 759, 760 et 761 précédents, avec déclaration expresse de leurs père ou mère que leur intention est de réduire l'enfant naturel à la portion qu'ils lui ont assignée. Dans le cas où cette portion serait inférieure à la moitié de ce qui devrait revenir à l'enfant naturel, il ne pourra réclamer que le supplément nécessaire pour parfaire cette moitié.

« En ce qui concerne le calcul de la réserve des enfants naturels, la présente loi sera applicable à toutes les libéralités faites antérieurement à sa promulgation.

« Art. 10. — La présente loi est applicable à toutes les colonies où le Code civil a été promulgué ».

5. On remarquera que nombre des dispositions que nous venons de transcrire, figuraient déjà dans le Code civil, telles qu'elles se trouvent actuellement incorporées dans la loi nouvelle.

Nous ne saurions, sous peine d'être incomplet, en faire tout à fait abstraction.

Notre attention, cependant, portera principalement sur les innovations qu'elle renferme.

Nous ne nous dissimulons pas les difficultés de la tâche qui nous incombe. Dans un premier commentaire d'une loi à peine promulguée, tout est, pour ainsi dire, à créer. Il faut aller, en quelque sorte, au-devant des questions que son application pourra soulever un jour devant les tribunaux. Mais, nous nous sentons soutenu par l'attrait d'une œuvre nouvelle, et partant personnelle, persuadé, avec un de nos vieux jurisconsultes (1), qu' « il n'y a guère, ny d'honneur

---

(1) Loyseau, *Traité des ordres*, ch. 5, *in pr.*

à se prévaloir du labeur d'autruy, ny de contentement d'esprit à se monstrer ingénieux par des conceptions desjà inventées, ny finalement d'utilité au public de transcrire ou déguiser ce qui est desjà escrit ».

Nous envisagerons successivement :

1º Les droits successoraux des enfants naturels ;

2º Les dispositions possibles en leur faveur ;

3º La succession passive des enfants naturels ;

4º Les règles transitoires.

I

DROITS SUCCESSORAUX DES ENFANTS NATURELS.

6. La loi de 1896 apporte quatre modifications au Code civil quant aux droits successoraux des enfants naturels :

1º Elle change la nature de ces droits ;

2º Elle en modifie également la quotité ;

3º Elle prohibe l'exhérédation conventionnelle précédemment autorisée par l'art. 761.

4º Enfin, elle fixe le montant de la réserve de l'enfant naturel.

Mais écartons tout d'abord deux points sur lesquels rien n'a été changé au Code civil.

7. *a.* Les enfants naturels demeurent toujours exclus de la succession des parents de leur père ou de leur mère. Le nouvel art. 757 ne fait que reproduire à cet égard la disposition finale de l'ancien art. 756.

Le législateur de 1896 laisse aussi d'ailleurs subsister, comme on le verra plus loin, l'exception apportée à la règle générale par la successibilité des frères et sœurs naturels (art. 766).

7. *b.* Les droits successoraux attribués aux enfants naturels sont encore aujourd'hui réservés à ceûx qui ont été « légalement reconnus » (art. 756), c'est-à-dire dont la filiation est constatée soit par une reconnaissance *volontaire*, soit par une reconnaissance *forcée* ou constatation judiciaire de leur filiation (comp. art. 334, 340 et 341, C. civ.).

Quant aux enfants incestueux ou adultérins, dont la filiation ne comporte aucune reconnaissance (art. 335 et 342, C. civ.), mais peut cependant se trouver exceptionnellement établie (1), ils n'ont droit, comme précédemment, qu'à des aliments et dans les conditions indiquées par des dispositions empruntées au Code civil et qui n'ont même pas changé de numéro dans la loi nouvelle : les art. 762 à 764.

Le chiffre de ces aliments est fort modeste, comme l'indique l'art. 764, d'après lequel les père et mère sont considérés comme s'étant acquittés de leur obligation alimentaire quand ils ont fait apprendre à leur enfant *un art mécanique* (2).

8. Enfin, le nouvel art. 761, en ce qui concerne les descendants de l'enfant naturel, reproduit purement et simplement aussi la formule de l'ancien art. 759, pour les admettre à se prévaloir des droits de leur auteur, « *en cas de prédécès* » de ce dernier.

Le législateur de 1896 aurait pu se donner la peine de faire disparaître dans ce texte certaines équivoques.

Tout d'abord, il n'aurait pas été de trop de dire ce que comprend au juste ici le mot de *descendants*. Toutefois, nous n'insistons pas sur ce premier point, parce que l'accord le plus complet avait fini par s'établir pour ne l'appliquer qu'aux descendants légitimes ou légitimés (arg. de la dispo-

---

(1) La filiation incestueuse ou adultérine est considérée comme étant constatée par la force même des choses dans les cas du désaveu d'un enfant conçu pendant le mariage, d'une annulation de mariage pour cause de bigamie ou d'inceste, et enfin d'une erreur judiciaire passée en force de chose jugée.

Voy. not. Aubry et Rau (4ᵉ édit.), t. VI, p. 222 et 223 ; Baudry-Lacantinerie et Wahl, *Traité des successions*, t. I, nº 706.

(2) Jadis, sous le régime des *maîtrises*, on exigeait pour que les père et mère fussent quittes vis-à-vis de leurs *bâtards* de l'obligation alimentaire qu'ils les eussent fait passer *maîtres* : « que s'ils n'ont qu'appris métier sans avoir été passés maîtres, lisons-nous dans Brillon (*Dictionnaire des arrêts*, vº *Aliments*), si le père ne l'a fait de son vivant, les héritiers sont tenus de fournir tout ce qui est nécessaire pour cet effet, jugé, 12 février 1619 ».

sition finale de l'ancien art. 756, devenue aujourd'hui, on le sait, l'art. 757) (1).

Mais cet accord faisait défaut pour l'interprétation à donner aux mots « *en cas de prédécès* ». Certains auteurs (2), s'en tenant à la lettre de ce texte, refusaient de l'étendre au cas de renonciation de l'enfant naturel survivant. D'autres — les plus nombreux (3) — assimilaient les deux hypothèses. Cette dernière solution nous semblait à nous-même la plus plausible, étant donné le principe d'après lequel la représentation suppose chez le successible au profit duquel elle est admise, l'aptitude à succéder de son chef. Le Code civil ne paraît avoir envisagé le prédécès de l'enfant naturel qu'en vue du *id quod plerumque fit*, comme il l'a fait d'ailleurs dans d'autres dispositions (comp. art. 750, 753, 766). Mais il aurait été bien simple pour le législateur de 1896 de faire cesser toute difficulté : il n'aurait eu qu'à remplacer l'expression « *en cas de prédécès* » par « *à défaut de* ».

La réglementation actuelle des droits successoraux des enfants naturels ne nous offre donc que des dispositions absolument identiques aux anciennes, quant à la double détermination de la succession et des successibles. Ce premier point établi, reprenons successivement les différentes modifications que nous avons signalées.

A. *Changement du titre successoral de l'enfant naturel.*

9. L'ancien art. 756 refusait expressément à l'enfant naturel la qualité d'héritier.

L'enfant naturel était sans doute un successeur *ab intestat*. On lui reconnut notamment le droit de demander contre les enfants légitimes de l'auteur commun « la liquidation et

---

(1) Voy. not. Aubry et Rau, t. VI, p. 330 ; Demolombe, t. XIV, n° 88 ; Laurent, t. IX, n° 128 ; Baudry-Lacantinerie et Wahl, *Successions*, t. I, n° 663.

(2) Marcadé, art. 759, n° 2 ; Laurent, t. IX, n° 127.

(3) Demolombe, t. XIV, n° 86 ; Aubry et Rau, t. VI, p. 331 ; Huc, t. V, n° 101 ; Baudry-Lacantinerie et Wahl, *Successions*, t. I, n° 667.

le partage de la succession (1) ». Mais, enfin, il n'était qu'un *successeur irrégulier*, privé dès lors de la saisine légale, réservée aux seuls héritiers (comp. anc. art. 723 et 724). Il devait donc demander délivrance à l'héritier, saisi de toute la succession. Et, si ce dernier faisait défaut, il devait recourir à la procédure onéreuse de la demande d'envoi en possession à la justice et autres formalités prescrites par les art. 769 et suiv. (art. 773).

Cet ancien état de choses a aujourd'hui complètement cessé d'exister.

Le nouvel article 756, à l'encontre de ce que disait le précédent, déclare que « les enfants naturels reconnus *sont appelés en qualité d'héritiers* à la succession de leur père ou de leur mère décédés ». Ces successibles sont, en conséquence, soustraits à la catégorie des successeurs irréguliers et les dispositions qui les concernent ont été reportées du chapitre IV du titre des successions intitulé « des successions irrégulières » pour être rattaché au chapitre précédent, consacré aux *héritiers*.

Le Code civil actuel met donc sur la même ligne « les héritiers légitimes et les héritiers naturels » (nouv. art. 723 et 724), c'est-à-dire ceux qui sont appelés à une succession comme parents légitimes et ceux qui y viennent en la même qualité, en vertu d'une parenté naturelle.

Les uns et les autres ont également la saisine légale ou *héréditaire* (nouv. art. 724). Ils continuent, sans aucune interruption même au point de vue possessoire, la personne du *de cujus*. Telle est en effet la portée traditionnelle du mot saisine : « Le mot saisir, disait Brodeau sur l'art. 82 de la coutume de Paris, est primitif et originaire, non dérivé d'aucun autre et pur français, qui signifie prendre, mettre en sa main, occuper, posséder ou investir et met en possession un tiers ».

On connaît l'ancienne formule de la saisine héréditaire : « *Le mort saisit le vif, son hoir le plus proche à lui succéder* »

____

(1) C. de cass., 2 mars 1875 (D. P. 1875, 1, 153 ; S. 1875, 1, 200). Joign. C. de Paris, 30 juin 1851 (S. 1852, 2, 359).

(art. 318, C. de Paris) : « de cette règle, disait Bourjon,.. (1) il s'ensuit que l'héritier commence à posséder dans l'instant même que la possession du décédé cesse, il n'y a aucun vide entre l'une et l'autre de ces possessions : l'une commence dans le même point de temps que l'autre finit.. »

L'art. 724 exprime une pensée identique en substituant à l'intervention fictive du défunt l'autorité de la loi elle-même.

L'enfant naturel, saisi comme l'enfant légitime, n'a donc plus à demander de délivrance à qui que ce soit. L'art. 773 n'a plus dès lors d'objet. L'art. 7 de notre loi l'abroge expressément.

La situation serait, bien entendu, identique pour ses descendants légitimes, lorsqu'ils succèdent à son défaut et sont appelés par la loi à exercer les mêmes droits.

10. Ce qui se produit ainsi au point de vue des droits du défunt, se réalise également au point de vue de ses obligations.

L'enfant naturel peut être immédiatement poursuivi par les créanciers de la succession, même avant d'avoir accepté cette succession. Il aurait seulement à sa disposition, comme tout héritier, l'exception dilatoire résultant des délais pour faire inventaire et délibérer (comp. art. 795 et suiv., C. civ., et 174, C. pr. civ.). Les titres exécutoires contre le défunt le seront aussi contre lui-même après la signification préalable exigée par l'art. 877, C. civ.

Il subit donc, avec toute la rigueur qu'elle comporte, la règle *Heres sustinet personam defuncti.*

Précédemment, une opinion considérable en doctrine ne le considérait comme tenu, même après l'envoi en possession, des dettes héréditaires qu'*intra vires*, c'est à dire dans les limites de l'actif de la succession dûment constaté par un inventaire, et sans que d'ailleurs il eût besoin de recourir à la formalité d'une acceptation bénéficiaire (2).

---

(1) *Le Droit commun de la France, Succession*, ch. 1, sect. 1, n° 2.

(2) Voy. not. Aubry et Rau, t. VI, p. 696 et 706 ; Laurent, t. IX, n°s 220, 244 ; Huc, t. V, n° 153 ; Baudry-Lacantinerie et Wahl, *Successions*, t. I, n° 1048. Ces auteurs voient dans l'obligation *ultra*

Aujourd'hui, en admettant que le Code civil ait maintenu l'ancienne distinction traditionnelle des successeurs aux biens et des successeurs à la personne, et que, pour les premiers, la délivrance ne puisse être l'équivalent de la saisine légale qui leur fait défaut, cette observation en tout cas ne saurait plus concerner les enfants naturels, investis de la même saisine légale par le nouvel art. 724.

B. *Augmentation de la quotité de l'enfant naturel.*

11. La proposition de MM. Le Tellier, Julien et Rivet, en attribuant aux enfants naturels, sur la succession de leurs père et mère, les mêmes droits qu'à des enfants légitimes, les faisait concourir également avec leurs frères ou sœurs issus du mariage et exclure tout autre ordre de successibles.

Tout autre fut le système qui prévalut. Le législateur de 1896 refuse de consacrer l'égalité, dans la succession de l'auteur commun, des enfants naturels et des enfants légitimes.

D'autre part, lorsque les descendants légitimes font défaut, il appelle à concourir avec les enfants naturels, dans la proportion qu'il détermine, deux autres catégories de parents légitimes : les ascendants et les collatéraux privilégiés.

12. La Chambre des députés n'attribuait aux ascendants qu'un simple usufruit.

Le Sénat, jugeant cet usufruit insuffisant, leur attribua une part en pleine propriété.

Entré dans cette voie, il ne crut pas devoir moins faire pour les frères et sœurs que pour les ascendants. L'harmonie même de notre régime successoral le voulait ainsi : « On ne saurait comprendre, fit observer en ce sens le rapport de M. Dauphin (1), que les frères et sœurs qui, dans les successions, sont préférés aux aïeuls et aux aïeules, soient dans une moins bonne situation qu'eux vis-à-vis des enfants naturels ».

Les frères et sœurs furent donc mis ou, pour mieux dire,

------

vires une conséquence de la saisine légale, thèse contestée, avec raison selon nous, par M. Demolombe, t. XIII, nᵒˢ 132 *bis* et 160.

(1) Sénat, session 1895, n° 8, p. 10.

maintenus, à l'égard des enfants naturels, dans la même catégorie de parents légitimes que les ascendants. Comme, selon l'ordre successoral du Code civil, ils excluent les aïeuls et aïeules, ils seraient même seuls admis, en présence de ces derniers, à bénéficier de la part enlevée à l'enfant naturel, comme le déclara M. Dauphin au Sénat, sur une question posée par M. Demôle (1).

La logique commandait de faire encore un pas dans le même sens en assimilant aux frères ou sœurs leurs descendants, compris avec eux dans l'ordre des collatéraux privilégiés.

M. Bernard souleva toutefois une objection ; il opposa à cette solution le texte de l'ancien art. 757, tel qu'il était interprété par la jurisprudence (2).

Cette disposition, dans sa classification des héritiers légitimes en concours avec l'enfant naturel, comprenait seulement dans la seconde catégorie, à côté des ascendants, les « *frères ou sœurs* ». La jurisprudence, dont l'interprétation littérale était, d'ailleurs, très contestée, confondait, en conséquence, les neveux et nièces avec les collatéraux ordinaires (3).

Il ne fut pas cependant tenu compte de cette objection, et l'on ne voulut pas séparer des frères ou sœurs leurs descendants, considérés comme faisant partie du même groupe familial.

Il est à remarquer d'ailleurs que la distinction précédemment faite par la jurisprudence aurait eu des conséquences plus graves sous la loi nouvelle que sous le Code civil. En admettant le système proposé par M. Bernard, les neveux et nièces auraient été complètement sacrifiés à l'enfant naturel, tandis que la jurisprudence les faisait, du moins,

---

(1) Séance du 19 mars 1895 (*Officiel* du 20 mars).

(2) Séance du 19 mars 1885 (*Officiel* du 20 mars).

(3) Voy. not. C. de cass., 2 mai 1888 (D. P., 1888.1.209, S. 88.1.217). L'opinion contraire était la plus suivie en doctrine. Voy. Baudry-Lacantinerie et Wahl, et les autorités qu'ils citent, *Successions*, t. I, n° 650 ; Joign. Huc, t. V, n° 98.

concourir avec ce dernier dans la mesure du quart précédemment attribué aux collatéraux ordinaires.

13. En somme donc, le législateur de 1896 admet l'enfant naturel à concourir avec trois classes de parents légitimes : les descendants, les ascendants et les collatéraux privilégiés.

Mais il lui sacrifie les collatéraux ordinaires.

D'autre part, vis-à-vis des descendants, des ascendants ou des collatéraux privilégiés, la part héréditaire de l'enfant naturel est augmentée dans les conditions suivantes :

Lorsqu'il est en présence de descendants légitimes, elle monte du *tiers* à la *moitié* de ce qu'il aurait eu s'il avait été légitime (nouv. art. 758) (1).

Le législateur de 1896 a évité d'ailleurs de trancher lui-même la question soulevée sur le mode de calcul à observer en pareil cas lorsqu'il y a plusieurs enfants naturels. Son attention fut pourtant attirée sur ce point. La Chambre des députés avait proposé, dans son nouvel art. 757, § 2, la solution suivante : supposer le nombre des enfants légitimes double de ce qu'il sera réellement, faire ensuite autant de parts qu'il serait censé ainsi y avoir d'enfants, et attribuer une part à chaque enfant naturel et deux à chaque enfant légitime.

Le Sénat repoussa cette solution, mais sans substituer un autre mode de calcul à celui qu'il écartait. Il s'en remit à ce que le rapporteur, M. Dauphin, appelait « les résultats acquis ». M. Dauphin visait ainsi la solution qui avait prévalu conformément à la doctrine d'un ancien arrêt de la Cour de cassation (2).

D'après ce système, le texte de la loi, lorsqu'il attribue

____

(1) On remarquera que si l'enfant naturel concourait avec descendants légitimes d'un degré plus éloigné que le sien et qui ne succéderait que de *leur chef*, il aurait la moitié de toute la succession.

(2) 28 juin 1831, D. R., v° *Succession*, n° 284, note 1. Joign. Aubry et Rau, t. VI, p. 324 ; Demolombe, t. XIV, n° 67 ; Laurent, t. IX, n° 115 ; Huc, t. V, n° 96 ; Baudry-Lacantinerie et Wahl, *Successions*, t. I, n° 644.

aujourd'hui à l'*enfant naturel* en concours avec des descendants légitimes la moitié de ce qu'il aurait eu, s'il avait été légitime, doit se lire comme s'il parlait des *enfants naturels* quel qu'en fût le nombre, et, dès lors, il y aurait lieu d'attribuer à chacun d'eux la moitié de la part héréditaire qu'il aurait obtenue, *s'ils avaient été tous légitimes*.

La part de l'enfant naturel s'est élevée de la moitié aux trois quarts, quand il est en concours, soit avec des ascendants, soit avec des frères et sœurs ou des descendants de ces derniers.

14. Le texte des nouveaux art. 758 et 759 a reproduit ces termes de l'ancien art. 757 : « Si le père ou la mère *a laissé...* lorsque les père ou mère *ne laissent pas* ». Il soulève donc toujours la question précédemment débattue sur le point de savoir, s'il convient de tenir compte, pour la réduction de l'enfant naturel, de l'existence d'un parent, successible, mais renonçant à la succession.

Une interprétation littérale de l'ancien art. 757 avait prévalu en jurisprudence (1).

Cette solution ne serait guère conforme, selon nous, à l'esprit de la loi, surtout à celui de la loi nouvelle. Nous ne saurions concevoir comment on pourrait opposer à l'enfant naturel l'existence de parents qui ne concourent pas effectivement avec lui relativement à la succession de son père ou de sa mère, puisque, par l'effet même de leur renonciation, ils

---

(1) Voy. not. C. de Paris, 2 décembre 1872 (D. P. 73, 2, 116 ; S. 73, 2, 197) ; C. de cass., 20 avril 1875 (D. P. 75, 1, 487). La doctrine était en sens contraire : Voy. Aubry et Rau et les autorités qu'ils citent, t. VI, p. 329. Joign. Huc, t. V, n° 94 ; Baudry-Lacantinerie et Wahl, *Successions*, t. 1, n° 635. Une autre question bien autrement embarrassante, selon nous, a été laissée indécise par la loi nouvelle : celle que soulève le concours de deux parents légitimes, traités d'une manière différente vis-à-vis de l'enfant naturel, mais soumis dans leurs rapports respectifs à la règle du partage entre les deux lignes. Voy., en sens divers, deux arrêts de la Cour d'Amiens, l'un du 23 mars 1854 (D. P. 57, 2, 5 ; S. 54, 2, 289) et l'autre du 5 décembre 1889 (D. P. 90, 2, 184 ; S. 90, 2, 126).

sont réputés n'avoir jamais été héritiers. Nous compléterions donc volontiers le texte de la loi, en disant que les parents *laissés* dont il s'agit, ce sont des parents réellement laissés relativement à la succession, et non, par conséquent, ceux que leur renonciation rend étrangers à cette succession.

15. Terminons notre examen de la quotité des droits successoraux de l'enfant naturel par une dernière observation.

Il a été formellement déclaré dans les travaux préparatoires qu'il n'était apporté aucune dérogation à l'art. 337, C. civ., d'après lequel la reconnaissance faite par l'un des époux pendant le mariage d'un enfant naturel qu'il aurait eu avant son mariage d'un autre que son conjoint, ne peut nuire ni à celui-ci ni aux enfants nés de ce mariage (1).

Il est donc certain que cette disposition doit continuer à recevoir son application.

Nous en conclurons que l'enfant naturel reconnu dans de semblables conditions, non seulement ne pourrait concourir avec les enfants issus du mariage dans la succession de l'auteur commun, mais encore qu'il ne pourrait paralyser les droits successoraux du conjoint survivant.

C. Abrogation de l'art. 761, C. civ.

16. L'art. 761 constituait une notable dérogation à la prohibition générale des pactes sur succession future (art. 1130, § 2).

D'après cette disposition, en effet, l'enfant naturel, dûment gratifié de son vivant, pouvait consentir, dans les conditions qu'elle indique, à une véritable exhérédation conventionnelle.

Une semblable convention n'est plus possible à l'avenir. L'article 761 se trouve en effet compris dans la liste des articles du Code civil dont l'art. 1er *in fine* de notre loi prononce l'abrogation. Il ne s'agit pas d'ailleurs, comme pour plusieurs de ces textes, d'une abrogation de pure forme de dispositions qui en réalité subsistent toujours (2). L'article 761 a bien cessé de faire partie de notre Code civil.

---

(1) Voy. not. le rapport de M. Jullien à la Chambre des députés (session extraord., 1891, n° 1733, p. 49).

(2) Telle a été celle des art. 559, 762 à 765, qui se retrouvent:

M. Dauphin, dans son rapport au Sénat, nous fait connaître les motifs qui ont inspiré cette innovation.

Rappelant la parole du tribun Siméon qui présentait la convention dont il s'agit comme également « utile pour l'enfant naturel qu'elle fait jouir plus tôt et pour la famille qu'elle débarrasse d'un créancier odieux », il repoussait également l'une et l'autre de ces deux considérations : « La première, disait-il, est l'autorisation d'abuser de la misère et des passions de l'enfant pour lui enlever une partie de son patrimoine ; la seconde est la négation injurieuse des droits des enfants naturels..... »

« Il faut d'ailleurs remarquer, ajoutait-il, que l'art. 761 ne débarrasse pas, suivant l'expression employée, les parents légitimes, puisqu'il autorise les enfants naturels à intervenir dans le règlement des successions, lorsqu'ils prétendent que la portion assignée est inférieure à la moitié de leurs droits (1). »

La combinaison jadis autorisée par l'art. 761 est donc impossible à l'avenir.

Nous verrons seulement le législateur (art. 9) respecter, au nom de la non-rétroactivité des lois, la convention dûment souscrite sous l'empire de la loi ancienne.

Conclu aujourd'hui, le même accord serait absolument sans portée. Il serait non avenu, comme d'une façon générale tout pacte sur succession future (art. 1130).

D. *Réserve de l'enfant naturel.*

16 *bis.* Le Code civil n'avait pas de disposition expresse sur la réserve de l'enfant naturel.

Certains textes admettaient cependant, implicitement, l'existence de cette réserve : l'art. 761, spécialement, en subordonnant l'exhérédation de l'enfant naturel à l'abandon à son profit d'une sorte d'avancement d'hoirie dans des conditions rigoureusement déterminées.

---

le premier, dans le nouvel art. 761, et les autres, sauf une légère retouche, insignifiante quant au fond, de l'art. 762, sous les mêmes numéros que précédemment.

(1) Sénat, session 1895, n° 8, p. 13.

L'art. 757 lui-même, en lui attribuant dans la succession de ses père ou mère une part de ce qu'il aurait eu s'il avait été légitime, n'impliquait-il pas la même assimilation proportionnelle avec les enfants légitimes, quant à la réserve, portion indisponible de la succession *ab intestat*? La jurisprudence l'avait admis (1).

Le législateur de 1896, en abrogeant l'art. 761, s'est trouvé naturellement amené à trancher formellement la question, « pour éviter toute controverse », comme l'a fait observer M. Dauphin dans son rapport au Sénat (2).

Pour atteindre complètement le but proposé, il ne suffisait pas évidemment de se prononcer sur l'existence de la réserve de l'enfant naturel ; il fallait aussi en fixer le montant. C'est ce qu'a fait le nouveau paragraphe ajouté à l'art. 913, C. civ., en empruntant, d'ailleurs, à la jurisprudence les bases qu'elle avait précédemment adoptées, sauf à modifier la proportion pour se conformer à la quotité actuelle des droits successoraux de l'enfant naturel. Ce dernier, donc, ayant dans la succession de ses père ou mère la moitié de ce qu'il aurait eu, s'il avait été légitime lorsque le *de cujus* laisse des descendants légitimes, les trois quarts si son auteur ne laisse que des ascendants, des frères ou sœurs ou des descendants de frères ou sœurs, et la totalité lorsque cette seconde catégorie de parents légitimes fait elle-même défaut, il aura aussi, dans les mêmes circonstances, soit la moitié, soit les trois quarts, soit la totalité de la réserve qu'il aurait eue s'il avait été légitime (nouv. art. 913, § 2, C. civ.).

En d'autres termes, la loi applique à la réserve elle-même, qui doit rentrer dans la succession *ab intestat*, le même frac-

---

(1) Comp. C. de cass , 15 mars 1847 (D. P. 47, 1, 138 ; S. 47, 1, 178) et 29 juin 1857 (D. P. 59, 1, 26 ; S. 57, 1, 745) et C. de Paris, 26 août 1872 (D. P. 73, 2, 118).

La même solution avait également prévalu en doctrine. Voy. Aubry et Rau, t. VII, p. 231 et 232 ; Demolombe, t. XIX, n° 149 ; Huc, t. VI, n°s 145 et 146 ; Baudry-Lacantinerie et Colin, *Donations et testaments*, t. I, n°s 707 et suiv.

(2) Sénat, session 1895, n° 8, p. 13.

tionnement qu'à la masse des biens dont le défunt n'a pas disposé.

17. Le législateur de 1896 a cru devoir enfin ajouter au même art. 913 un troisième paragraphe emprunté à l'ancien art. 914, qui en déclarant compris au point de vue de la réserve, sous le nom d'enfants, « tous les descendants à quelque degré que ce soit », ajoute que « néanmoins ils ne sont comptés que pour l'enfant qu'ils représentent dans la succession du disposant ».

Nous ferons sur cette disposition une double observation :

1° Les descendants dont il s'agit ne peuvent être, pour l'enfant naturel, que des descendants légitimes ou légitimés (arg. de l'art. 756).

2° La représentation envisagée dans la partie finale ne peut être que la représentation *lato sensu*, le remplacement à un titre quelconque de l'enfant qui fait défaut, et alors même, par conséquent, que ses descendants viendraient de leur chef à la succession.

Les conséquences impossibles de la solution contraire qui l'avaient fait presque unanimement écarter par les commentateurs de l'ancien art. 914 (1), ne permettent pas davantage de l'adopter aujourd'hui.

18. La réserve de l'enfant naturel soulevait une dernière question :

Que devient au juste la quotité disponible lorsque ce *réservataire* se trouve lui-même en présence d'autres réservataires appartenant à la famille légitime ?

Le législateur de 1896 n'a résolu cette question que dans le cas où l'enfant naturel est en présence d'ascendants (nouv. art. 915).

Une seconde solution n'aurait cependant pas été de trop, pour le cas où l'enfant naturel concourt avec des descendants légitimes. Nous tâcherons de combler cette lacune.

Mais envisageons tout d'abord la solution donnée par la

----

(1) Voy. Baudry-Lacantinerie et Colin et les autorités qu'ils citent, *Traité des donations entre vifs et testamentaires*, t. I, n° 704.

loi elle-même pour la combinaison de la double réserve de l'enfant naturel et des ascendants légitimes.

Le problème à résoudre était de ne sacrifier ni la réserve de l'enfant naturel, ni (du moins complètement) celle des ascendants légitimes, ni enfin la quotité disponible.

Mais comment concilier ces différentes exigences?

On avait jadis proposé de faire prélever la réserve de l'enfant naturel, pour moitié sur la quotité disponible et pour moitié sur la réserve des ascendants (1) ; mais l'augmentation actuelle de la réserve de l'enfant naturel rendait ce premier système impraticable.

Il fallait donc en imaginer un autre.

Le nouvel art. 915 s'est arrêté à cette transaction, d'ailleurs assez arbitraire, comme toutes les transactions : 1° constituer en face de la quotité disponible ce que nous appellerions une réserve *globale*, c'est-à-dire destinée également à satisfaire les enfants naturels et les ascendants ; 2° répartir ensuite cette réserve globale entre les différents intéressés.

La réserve globale est identiquement la même que celle des enfants légitimes : elle est de la moitié des biens du disposant, s'il n'y a qu'un enfant ; des deux tiers, s'il y en a deux ; des trois quarts, s'il y en a trois, ou un plus grand nombre.

De cette masse, la loi détache seulement un huitième pour les ascendants légitimes : quel que soit leur nombre, et le surplus est attribué aux enfants naturels.

La situation misérable ainsi faite aux ascendants légitimes est d'autant plus dure que les enfants naturels du *de cujus*, à la différence des enfants légitimes, ne leur doivent pas des aliments, s'ils sont dans le besoin.

M. Thézard plaida devant le Sénat « la cause des vieux parents (2) » ; et, s'inspirant de ce que la loi du 9 mars 1891 avait récemment décidé en faveur du conjoint survivant, il proposa d'étendre le droit alimentaire reconnu à ce dernier

______

(1) Voy. Aubry et Rau, t. VII, p. 238 et 239.
(2) Séance du 21 juin 1895 (*Officiel* du 22 juin).

par le nouvel art. 205, C. civ., à nos ascendants, lorsque leur modique réserve serait insuffisante pour assurer leur subsistance.

Nous regrettons que cet amendement de M. Thézard n'ait pas été adopté.

19. Il nous reste à envisager le cas non prévu par la loi de la coexistence des deux réserves des enfants naturels et des enfants légitimes.

Un premier point nous paraît certain, c'est que la quotité disponible ne peut jamais être réduite au-dessous du quart des biens. Tel est, en effet, le minimum qui lui est fixé par la loi quel que soit le nombre des enfants légitimes (art. 913, § 1er); or, on ne saurait concevoir comment la liberté de disposer du *de cujus* serait moins grande à raison de cette circonstance que, parmi ses enfants, les uns sont légitimes, et les autres naturels.

En supposant, par exemple, un enfant naturel en présence de trois enfants légitimes et d'un légataire universel, les enfants légitimes devraient exclusivement supporter sur leur propre réserve la réserve de leur frère naturel.

Mais, sauf ce tempérament, le texte même du nouveau paragraphe 2 de l'art. 913 nous amène à poser en principe que la réserve de l'enfant naturel se prend sur l'ensemble de la succession, et, par suite, atteint également dans la proportion voulue la quotité disponible et la réserve des enfants légitimes.

D'après cette disposition, en effet, la réserve de l'enfant naturel est « *une quotité de celle qu'il aurait eue s'il eût été légitime* ». Or, s'il eût été légitime, sa réserve aurait nécessairement porté sur l'ensemble de la succession.

II

DES DISPOSITIONS DES PÈRE OU MÈRE NATURELS AU PROFIT
DE LEUR ENFANT.

20. L'ancienne jurisprudence est loin de nous offrir la même précision quant aux dispositions possibles de la part des père et mère en faveur de leur enfant naturel que quant

à la situation légale de ce dernier dans leur succession *ab intestat*.

On s'accordait toutefois sur un point : l'incapacité pour les enfants incestueux ou adultérins de recevoir autre chose que des aliments :

« On tient pour maxime dans tout le royaume, disait Furgole (1), même au parlement de Grenoble, que les enfants adultérins et les autres bâtards de même espèce et qui ne sont pas nés *ex soluto et soluta*, ne sont capables que des aliments ou de quelque libéralité qui tienne lieu d'aliments. On s'est éloigné à cet égard de la rigueur du droit civil, pour se conformer à la douceur et à l'équité du droit canonique ; mais les libéralités excessives sont retranchées et réduites à la mesure des aliments ».

Quant aux enfants naturels simples, il y eut de grandes divergences.

Ainsi, tandis que Loisel, en relatant dans ses *Institutes coutumières* (2) le sentiment de « maître Doublé » qui « tenait que bâtards ne pouvaient recevoir legs ni de père ni de mère », se contentait d'ajouter : « Ce qui se doit entendre de legs excédant leur nourriture ». Guy Coquille, son contemporain, se montrait beaucoup plus large, du moins lorsque le disposant n'avait pas d'enfants légitimes (3).

Le parlement de Paris changea lui-même de jurisprudence.

Pendant longtemps, il décida que les enfants naturels étaient capables de recevoir de leurs père ou mère comme d'un étranger sous cette seule réserve que, s'il y avait des enfants légitimes, il ne pouvait pas recevoir plus que le moindre de ces derniers (4). Des arrêts postérieurs exceptèrent les dispositions universelles (5).

---

(1) *Traité des testaments*, ch. 6, sect. 2, n° 106.

(2) Liv. I, tit. II, règle 43.

(3) *Questions et réponses sur les coutumes*, XXIX ; Joign. Beaumanoir, *Coutumes de Beauvoisis*, ch. 18.

(4) Ricard, *Traité des donations*, part. 1, ch. 3, n° 433.

(5) Comp. Ricard, *op.* et *loc. cit.*, n° 438 et Furgole, *op.* et *loc. cit.*, n° 118.

Le traité Des personnes de Pothier (1) faisait la même distinction : « Les bâtards sont incapables de recevoir des donations universelles, soit entre vifs soit par testament de leurs père ou mère, mais ils sont capables de recevoir d'eux des donations et legs particuliers ».

On expliquait cette distinction entre les dispositions universelles et les dispositions à titre particulier, en disant que les premières étaient un titre d'honneur dont les bâtards étaient incapables (2).

21. Le Code civil déclara formellement les enfants naturels incapables de rien recevoir soit par donation entre vifs soit par testament au delà de ce qu'il leur attribuait lui-même dans la succession de leurs parents (art. 908).

Cette disposition parut tout particulièrement intolérable aux premiers inspirateurs de l'amélioration actuelle de la condition des enfants naturels.

M. Letellier, dans son rapport sommaire sur la proposition qu'il avait présentée à la Chambre avec deux de ses collègues, disait : « La proposition fait disparaître de notre Code cette disposition, la plus monstrueuse de celles édictées contre les enfants naturels », et il se plaignait amèrement de ce que « pour honorer le mariage », le législateur de 1804 eût mis les parents naturels dans l'impossibilité de traiter leur enfant aussi bien qu'un étranger (3).

M. le rapporteur de la commission du Sénat lui-même, dans un langage plus modéré, ne la ménageait guère : « cette disposition, disait-il (4), ne saurait être maintenue. Elle est une atteinte à la liberté et à l'autorité paternelle, souvent une injustice, plus souvent une objection et un obstacle aux reconnaissances des enfants naturels que la loi doit encourager ».

---

(1) *Des personnes*, tit. IV.

(2) de Ferrière cité par Furgole, *op.* et *loc. cit.*, n° 122. Cependant les legs à titre particulier eux-mêmes étaient réduits, quand ils étaient jugés excessifs, ainsi qu'en témoigne un arrêt du 28 mai 1709, mentionné par Brillon, v° *Bâtards légataires*.

(3) *Officiel* du 4 novembre 1890 (*doc. parl.*, p. 1630).

(4) Sénat, session 1895, n° 8, p. 15.

L'ancien art. 908 ne trouva donc pas grâce devant le Sénat lui-même.

Il ne disparut pas toutefois complètement. Suivant la distinction proposée par la Chambre, l'ancienne incapacité fut maintenue pour les donations entre vifs et écartée pour les dispositions testamentaires.

Les legs par préciput devinrent donc possibles au profit des enfants naturels, assimilés en principe à cet égard aux enfants légitimes, et l'on étendit (art. 8) la même assimilation au point de vue fiscal des droits de mutation.

22. M. Julien, dans son rapport à la Chambre (1), expliquait ainsi la nouvelle distinction entre les donations et les legs : « La donation, disait-il, est dans notre Code un acte irrévocable ; elle peut être le fruit d'un mouvement spontané, irréfléchi... Aussi ne saurait-elle convenir ici ; seul le testament, manifestation, quand il reçoit son exécution, d'une volonté persévérante jusqu'à l'heure de la mort, peut remplir ce but (d'améliorer la situation de l'enfant naturel) ».

L'observation est fondée, si l'on entend seulement protéger la liberté, la sincérité du disposant.

Mais il en est tout autrement, et l'on doit donner, au contraire, la préférence aux donations sur les testaments, si l'on veut protéger la famille légitime contre des libéralités excessives. Il est manifeste, en effet, que la donation entre vifs, à raison même de son caractère irrévocable qui veut que le disposant commence par se dépouiller lui-même, est infiniment moins redoutable pour les héritiers.

N'y avait-il pas, dès lors, une inconséquence à restreindre dans l'intérêt de la famille légitime et, par conséquent, en vue d'une considération d'ordre public, la part héréditaire de l'enfant naturel, et à permettre ensuite au père ou à la mère de n'en tenir aucun compte dans son testament ?

M. Grivart appuya fortement sur cette objection. Faisant allusion au rejet de l'assimilation que MM. Demôle et To-

______

(1) Chambre des députés, session extraordinaire de 1891, n° 733, p. 52.

lain, reprenant la proposition de MM. Letellier, Julien et
Rivet, avaient demandée entre les enfants naturels et les
enfants légitimes dans la succession de leur auteur commun,
il disait (1) : « Vous avez voulu accorder une faveur, un
avantage considérable au mariage et à la famille légitime
qui découle du mariage. Vous avez voté, non pas contre les
enfants naturels, mais en faveur de la famille légitime, fort
exposée à être dépouillée de tout, si on laissait aux parents
la plénitude de liberté de disposer. Or..... si l'on reconnaît
que dans l'intérêt du mariage et de la famille, qui prend
naissance dans le mariage, il est impossible d'accepter l'assimilation légale entre les deux filiations, est-il possible
d'accepter la disposition qui nous est aujourd'hui proposée
par la commission ? » M. Grivart reprochait donc à la commission du Sénat, « très énergique pour combattre l'assimilation légale », de se mettre en contradiction avec elle-même,
en autorisant, dans la plus large mesure, une assimilation
facultative, que les père et mère ne seraient que trop dis-
posés, « par une secrète tendance », à pratiquer.

Le rapporteur, M. Dauphin, répondit que la commission,
« faisant une différence entre ce qui est la succession *ab intestat* et ce qu'exige l'exercice de la volonté paternelle et de
la liberté de tester qui est écrite dans toutes nos lois, avait
voulu permettre au père de l'enfant naturel de faire pour cet
enfant autant que la loi l'autorise à faire pour un étranger ».

La réponse, selon nous, était insuffisante. D'une part, en
effet, le nouvel art. 908 lui-même fait abstraction de la liberté
de tester, en ce qui concerne les enfants incestueux ou adultérins, auxquels on ne peut toujours léguer que des aliments ;
d'autre part, ne pourrait-on pas opposer à M. Dauphin ce
qu'il disait dans le passage précité de son rapport sur la distinction à faire entre l'enfant légitime et l'enfant naturel pour
faire écarter l'assimilation de l'un et de l'autre proposée
par MM. Demôle et Tolain ? N'est-il pas à craindre que la
ligne de démarcation que l'on entend maintenir ne soit trop
souvent en fait complètement effacée ?

____

(1) Sénat, séance du 21 mars 1895 (*Officiel* du 22 mars).

Sous le bénéfice de ces observations générales, abordons de plus près l'étude du nouvel art. 908.

Les trois points suivants attireront notre attention :

1° L'incapacité des enfants naturels simples ;

2° L'incapacité des enfants incestueux et adultérins ;

3° La sanction de l'une et de l'autre incapacité.

A. *Incapacité des enfants naturels simples.*

23. L'ancien principe subsiste quant aux donations entre vifs : Les enfants naturels reconnus ne peuvent rien recevoir par ce premier mode de dispositions, « au delà de ce qui leur est accordé au titre des successions ». Il est à remarquer seulement que les conséquences de ce principe se trouvent singulièrement atténuées par l'augmentation si considérable de leur part héréditaire.

Mais ce principe disparaît quant aux dispositions testamentaires. La portion héréditaire des enfants naturels simples peut être augmentée par testament.

A la part héréditaire de l'enfant naturel, le testament du père ou de la mère peut substituer la succession tout entière, lorsque le testateur ne laisse en concours avec son enfant naturel dans sa succession *ab intestat*, comme parents légitimes, que des héritiers non réservataires, c'est-à-dire des collatéraux privilégiés (frères ou sœurs ou descendants de frères ou sœurs).

Si le *de cujus* laisse des ascendants, la situation n'est pas très sensiblement modifiée, étant donnée la modicité de la réserve à laquelle ces derniers peuvent prétendre : un huitième de la succession quel que soit leur nombre (Arg. du nouv. art. 915) (1).

Mais, s'il y a des descendants légitimes, la loi n'a pas voulu du moins que la liberté de tester de l'auteur commun puisse aller jusqu'à préférer ses enfants naturels à ses enfants légitimes. Un enfant naturel ne peut recevoir par le testament de son père ou de sa mère plus que la

______

(1) Comp. M. Grivart, Sénat, séance du 21 mars 1895 (*Officiel* du 22 mars).

part laissée par le disposant à l'enfant légitime le moins
favorisé.

Le 2ᵉ paragraphe du nouvel art. 908 formule ainsi cette
restriction : « sans toutefois qu'en aucun cas, lorsque les
enfants naturels se trouvent en concours avec des descendants légitimes, un enfant naturel puisse recevoir plus
qu'une part d'enfant légitime le moins prenant ».

L'application de ce texte est bien simple, lorsque les descendants légitimes sont eux-mêmes du premier degré, ou
qu'ils viennent à la succession par représentation d'un des-
cendant du premier degré. Mais que décider, si l'enfant
naturel est en présence d'un petit-enfant, ou d'un arrière-
petit-enfant, ne succédant que de son chef ? On serait peut-
être tenté de répondre que l'enfant naturel pourrait alors
être légataire de toute la succession. La loi, dira-t-on en ce
sens, veut seulement qu'il ne puisse pas être traité par le
testament fait en sa faveur mieux qu'un enfant légitime, or,
comme enfant légitime, il aurait, grâce à la proximité de son
degré, toute la succession.

Cette solution, qui permettrait de sacrifier complètement
des descendants légitimes à l'enfant naturel, serait, cependant,
manifestement excessive.

Il faudrait au moins que la disposition testamentaire faite
par préciput à ce dernier ne portât pas atteinte à la réserve
des autres descendants.

Mais nous irions volontiers plus loin, en ne permettant
pas d'entamer la part héréditaire de ces derniers, d'autant
que, vis-à-vis d'eux, l'enfant naturel est tout particulièrement
bien traité dans la succession *ab intestat,* puisque, par application du nouvel art. 758, lui accordant la moitié de ce qu'il
aurait obtenu s'il avait été légitime, il obtient alors la moitié de toute la succession.

La part réservée à l'enfant le moins prenant par notre
texte comprendrait, selon nous, tout ce qui est attribué à la
souche qui en est issue, alors même que les membres de cette
souche ne viendraient à la succession que de leur chef (arg.
par analog. du nouv. paragraphe 2 de l'art. 915 entendu
comme nous l'avons indiqué plus haut).

24. La liberté testamentaire reconnue par notre texte aux parents naturels ne comporterait-elle pas une seconde restriction résultant de l'art. 337, C. civ. ?

On sait que, d'après cette dernière disposition, la reconnaissance faite pendant le mariage par l'un des époux de l'enfant naturel qu'il aurait eu avant son mariage d'un autre que son conjoint, ne peut nuire ni à celui-ci, ni aux enfants issus du mariage.

On sait aussi qu'elle exclut l'exercice des droits successoraux de l'enfant naturel aux dépens de ceux auxquels la reconnaissance ne peut nuire.

Mais empêche-t-elle également les dispositions de l'homme, que l'enfant naturel ne tient pas de sa reconnaissance elle-même comme la succession *ab intestat* ?

Un arrêt de la Cour de cassation du 28 mai 1878 (1), rejetant le pourvoi formé contre un arrêt conforme de la Cour de Nîmes, avait admis la négative, sous l'empire de l'ancienne législation.

L'ancien art. 908 rendait cette doctrine singulièrement contestable.

En défendant d'améliorer la situation successorale de l'enfant naturel par une disposition quelconque, n'impliquait-il pas, en effet, l'impossibilité de lui attribuer par testament des biens auxquels il ne pouvait prétendre dans la succession *ab intestat* ?

Mais, aujourd'hui, en tout cas, la situation est bien changée ; et M. Grivart était fondé, selon nous, à dire au Sénat, en combattant le nouvel art. 908 (2), qu'en ouvrant la porte toute grande au testament, on annihilait le bienfait de l'art. 337 pour les enfants légitimes et le conjoint.

Aussi bien, on refusa de trancher législativement la question :

« La question reste ce qu'elle était, fit observer le rapporteur M. Dauphin (3)... Nous nous en tenons uniquement à

----

(1) D. P. 1878,1,401 ; S. 1879,1,337.

(2) Séances du 21 mars et du 21 juin 1895 (*Officiel* du 22 mars et du 22 juin).

(3) Séance du 21 juin 1895 (*Officiel* du 22 juin).

l'idée de l'amélioration du sort des enfants naturels. Nous corrigeons ce qui dans le Code civil est trop sévère pour eux ; mais nous laissons à la jurisprudence, comme elle l'a fait jusqu'ici, à trancher une foule de questions que nous ne saurions résoudre sans nous jeter dans les difficultés les plus grandes et sans exposer les tribunaux, par un texte nouveau, à des embarras encore plus considérables ».

24 *bis*. Signalons spécialement, parmi les nombreuses questions auxquelles il était ainsi fait allusion, la controverse que soulevait l'ancien art. 908 et que soulève encore aujourd'hui, quant à son incapacité restreinte, la disposition actuelle.

Le nouvel art. 761, reproduisant l'ancien art. 759, accorde, on l'a vu, aux descendants légitimes de l'enfant naturel les mêmes droits successoraux qu'à ce dernier. Ne faut-il pas en conclure que ces descendants, en les supposant d'ailleurs non atteints par la présomption d'interposition de personnes de l'art. 911, § 2 (l'enfant naturel s'étant trouvé décédé lors de la donation ou lors de la mort du testateur), doivent être considérés comme personnellement frappés de la même incapacité.

La négative, admise notamment par un arrêt de la Cour de cassation du 21 juillet 1879 (1), avait prévalu en jurisprudence.

On conçoit cette interprétation restrictive d'une exception à la règle générale de la capacité (comp. art. 902, C. civ.); et l'esprit de la loi nouvelle ne saurait que lui être favorable. L'assimilation que fait la loi des descendants de l'enfant naturel à leur auteur quant aux successions *ab intestat*, n'est reproduite par aucun texte quant aux dispositions de ce dernier. Peut-être y a-t-il un oubli de la part du législateur ; mais, en matière d'incapacité, les oublis ne se suppléent pas.

----

(1) D. 81,1,348 ; S. 80,1, 31. Il y a division en doctrine sur ce point. Voy., dans le sens de la jurisprudence, Aubry et Rau, t.VI, p. 36 ; Laurent, t.XI, n° 368 ; Huc, t.VI, p. 135; Baudry-Lacantinerie et Colin, *Donations et testaments*, t. I, n° 466. *Contra* Marcadé sur l'art. 908 ; Demolombe, t. XIV, n° 95.

B. *Incapacité des enfants incestueux ou adultérins.*

25. L'incapacité des enfants incestueux ou adultérins demeure absolument la même que celle qui résultait précédemment de l'ancien art. 908. La commission du Sénat, pour éviter tout doute à cet égard, ajouta au nouveau texte une disposition formelle qu'elle présenta et fit voter lors de la seconde délibération.

Ce texte qui forme le dernier paragraphe de notre article porte : « Les enfants incestueux ou adultérins ne pourront rien recevoir par donation entre vifs ou par testament au delà de ce qui leur est accordé par les art. 762, 763 et 764 ».

Or, on sait que les articles ainsi visés n'accordent à ces enfants sur la succession de leurs parents que des aliments, toujours d'ailleurs dans les conditions fort modestes antérieurement admises par les articles correspondants du Code civil dont ils ne font que reproduire les dispositions.

L'incapacité des enfants incestueux ou adultérins demeure donc encore aujourd'hui telle qu'elle était du temps de Pothier : « Ils sont incapables de toutes donations de leurs père ou mère, même à titre particulier ; on peut néanmoins leur laisser des aliments (1) ».

C. *Sanction de l'incapacité des enfants naturels.*

26. En édictant contre les enfants naturels simples l'incapacité de « rien recevoir au delà de ce qui leur est accordé au titre des successions », le nouvel art. 908 ajoute : « Cette incapacité ne pourra être invoquée que par les descendants du donateur, par ses ascendants, par ses frères et sœurs et les descendants légitimes de ses frères et sœurs ».

Deux idées bien simples résultent de cette disposition :

1º Lorsque l'enfant naturel dont il s'agit a reçu une libéralité entre vifs dépassant la mesure de la part héréditaire qui lui est attribuée par les nouveaux art. 758 et 759, et que le caractère excessif de la libéralité s'est révélé après l'ouverture de la succession, il y a lieu à une action non pas en nullité, mais simplement en réduction de cette libéralité.

---

(1) *Traité des personnes*, tit. IV.

2° Cette action en réduction ne peut elle-même être intentée que par ceux-là seuls au profit desquels existe l'incapacité du donataire; ces représentants privilégiés de la famille légitime (descendants, ascendants, frères et sœurs, descendants de frères et sœurs) constituent, dans l'hypothèse, comme une sorte d'héritiers réservataires.

27. Mais la situation ne va-t-elle pas se modifier dans le cas d'une donation déguisée ou faite à personne interposée ?

L'art. 911, § 1er, C.civ. proclame, dans les termes les plus absolus, que : « Toute disposition au profit d'un incapable sera nulle, soit qu'on la déguise sous la forme d'un contrat onéreux, soit qu'on la fasse sous le nom de personnes interposées ».

Certains en avaient conclu, sous l'empire de l'ancien art. 908, qu'en pareil cas, la donation faite à l'enfant naturel n'était pas seulement réductible, mais bien nulle pour le tout. L'art. 911 aurait édicté cette pénalité pour prévenir, par une répression énergique, une disposition frauduleuse, comme elle le fait pour les donations entre époux dans l'art. 1099, § 2 (1).

Il est à remarquer cependant que le texte de l'art. 911 est loin d'être aussi explicite que l'art. 1099, lequel, dans ses deux paragraphes, met en opposition la donation simplement réductible et la donation nulle.

Le mot *nulle* dans l'art. 911 ne pourrait-il pas au contraire être pris dans le sens de *nulle* dans la *mesure* où existe l'incapacité : pour le tout, quand l'incapacité est totale, et pour partie, lorsque l'incapacité n'est que partielle ?

Il y a du moins, selon nous, quelque équivoque dans la formule légale.

Cette équivoque nous paraît devoir être résolue dans notre hypothèse en faveur du donataire (2). Nous ne lui ferions

---

(1) Voy. not. Aubry et Rau, t. VI, p. 49, et C. de Bordeaux, 12 juin 1876 (S. 77, 2, 12).

(2) Comp. comme n'admettant également la nullité prononcée par l'art. 911, § 1er, que dans les limites de l'incapacité de l'enfant naturel, Demolombe, t. XVIII, n° 679 ; Laurent, t. XI, n° 423;

donc subir qu'une simple réduction, aujourd'hui surtout que notre texte n'envisage évidemment pas d'autre sanction de l'incapacité qu'il édicte.

28. Dans la mesure où subsiste l'incapacité de l'enfant naturel, subsiste aussi, par la force même des choses, l'imputation que leur imposait l'ancien art. 760, C. civ., quoique ce texte figure dans l'énumération faite par l'art. 1er *in fine* des dispositions abrogées.

Mais il est manifeste que lorsque cet enfant vient comme « *héritier* » concourir avec des cohéritiers dans la succession de ses père ou mère, il devrait aussi comme tel, d'après les art. 843 et suiv. C. civ., et de la manière prescrite par ces dispositions, rapporter les libéralités même testamentaires qui lui ont été faites sans dispense de rapport. Toutes les règles qui régissent les rapports imposés aux cohéritiers, donataires ou légataires du défunt, lui sont nécessairement applicables.

29. Nous avons d'abord envisagé avec notre texte l'incapacité des enfants naturels simples.

En ce qui concerne les enfants incestueux ou adultérins, le dernier paragraphe du nouvel art. 908 nous apprend seulement qu'ils ne peuvent rien recevoir au delà des aliments qui leur sont accordés dans la succession *ab intestat* de leurs père ou mère, sans ajouter quelles sont les personnes admises à invoquer cette incapacité.

Il est bien certain que l'incapacité des enfants incestueux ou adultérins elle-même n'est sanctionnée que par une action en réduction. Il faudrait encore dire aujourd'hui en ce qui les concerne, avec le passage précité de Furgole (1), que « les libéralités excessives sont retranchées et réduites à la mesure des aliments ».

Mais qui pourra agir en réduction ? La réponse à cette question nous paraît bien simple. Par cela même que les enfants incestueux ou adultérins sont radicalement exclus de la succession de leurs parents, il n'y a plus ici, pour savoir

---

Baudry-Lacantinerie et Colin, *Donations et testaments*, t. I, nos 533 et 534 ; C. de Pau, 15 juin 1838, D. R., vo *Dispositions*, no 449, 1o.

(1) *Traité des testaments*, ch. 6, sect. 2, no 106.

qui peut leur opposer l'incapacité qu'ils encourent, à distinguer entre telle ou telle catégorie de successibles. Tous ceux que la loi appelle à la succession dont ils sont eux-mêmes écartés, peuvent indifféremment les faire réduire aux seuls aliments auxquels ils sont nécessairement réduits. Les successeurs irréguliers auraient à cet égard les mêmes droits que les héritiers légitimes. L'État lui-même, en cas de déshérence, pourrait intenter cette action.

III

SUCCESSION PASSIVE DE L'ENFANT NATUREL.

30. L'ancien droit appliquait à la succession laissée par l'enfant naturel le même principe qu'à la succession de ses père et mère : « Et comme les bâtards ne peuvent succéder, disait Domat, personne aussi, hors leurs enfants légitimes, ne leur succède à ce même titre (1) ».

Les enfants naturels ne pouvaient donc avoir comme successeurs *ab intestat* ni leurs père et mère, ni les parents de leurs père et mère : « parce que, disait Despeisses (2), on ne veut pas qu'une telle parenté déshonnête donne droit de succéder ».

Le Code civil s'est placé à un point de vue différent. Il ne fit plus de la parenté issue du mariage une condition *sine qua non* de la successibilité.

L'art. 765 appela donc à la succession de l'enfant naturel, à défaut de postérité, ses père et mère ; et l'art. 766, à défaut des père et mère eux-mêmes, accorda aux frères et sœurs « légitimes », c'est-à-dire issus du mariage de l'auteur commun, un droit de retour légal sur les biens que le *de cujus* avait reçus de ce dernier, et attribua la succession ordinaire aux frères et sœurs « naturels ».

Le législateur de 1896 a reproduit littéralement ces deux articles.

31. Il ne s'est pas prononcé d'ailleurs sur la réserve des

---

(1) *Lois civiles, Successions*, Liv. 1, tit. 1, sect. 2, n° 8.
(2) *Successions ab intestat*, n° 57.

père et mère naturels, comme sur celle de leurs enfants. La
solution qu'il a donnée en faveur de ces derniers ne saurait
servir, selon nous, à trancher la controverse précédemment
soulevée à cet égard. Les réserves en effet, comme toutes
les entraves à la liberté de disposer, sont de droit étroit, et
la réciprocité, généralement admise en matière successorale,
ne saurait suffire pour en créer une, en l'absence d'un texte
de loi formel.

Or voici quel était l'état de la question que le législateur
de 1896 a négligé de trancher. Après avoir dans un premier
arrêt du 3 mars 1846 (1) accordé une réserve aux père et
mère naturels, la Cour de cassation avait ensuite changé sa
jurisprudence dans deux autres arrêts du 26 décembre 1860
et du 29 janvier 1862 (2). D'après la doctrine de ces deux
derniers arrêts, qui tendait aussi à prévaloir près des auteurs (3), les père et mère naturels n'avaient pas de réserve.
Les arguments sur lesquels s'appuyait cette doctrine peuvent encore être invoqués aujourd'hui. D'une part, l'art. 915
en fixant la réserve des ascendants, n'envisage que les ascendants légitimes et, d'autre part, l'art. 765, en conférant des
droits successoraux aux père et mère naturels, ne comporte
aucune assimilation avec les droits successoraux des ascendants légitimes.

La situation n'est nullement modifiée, selon nous, par
l'élévation des père et mère naturels au rang d'héritiers, la
disposition voulue pour constituer une réserve faisant toujours défaut.

32. La Chambre des députés apportait de notables modifications aux art. 765 et 766. Au premier elle ajoutait une
disposition préférant le conjoint aux frères et sœurs dans

---

(1) D. P. 1846, 1, 87 ; S. 46, 1, 213.

(2) D. P. 1861, 1, 21 ; S. 61, 1, 321 ; D. P. 62, 1, 88, *Rev.
Not.*, n° 839. — Joign., sur renvoi de l'arrêt de 1862, Bordeaux,
4 février 1863 (D. P. 63, 2, 216, *Rev. Not.*, *loco cit.*).

(3) Voy. Demolombe, t. XIX, n° 184 ; Aubry et Rau, t. VII,
p. 168 ; Laurent, t. XII, n° 53 ; Huc, t. VI, n° 149 ; Baudry-Lacantinerie et Colin, *Donations et testaments*, t. I, n° 745.

la succession ordinaire; et, dans le second, elle effaçait toute distinction entre les frères et sœurs « légitimes » et les frères et sœurs « naturels ».

Le Sénat ne crut pas devoir entrer dans cette voie. Le rapporteur, M. Dauphin, lui fit observer que la loi proposée devait « avoir pour but unique d'améliorer la situation de l'enfant naturel », et qu'il ne fallait pas « y rattacher des innovations qui ont seulement avec elle des rapports indirects (1) ».

Le Sénat a même laissé sans solution, quant au retour légal, une question controversée que tranchait la Chambre en faveur des neveux et nièces dans un sens différent de celui qu'avait précédemment admis la Cour de cassation, dans un arrêt qui n'a rien perdu dès lors de son autorité doctrinale (2).

S'en tenant à la formule légale, telle qu'elle se retrouve encore actuellement dans l'art. 766, la Cour suprême proclame que le droit attribué par cette disposition aux *frères et sœurs légitimes* sur les biens provenant de l'auteur commun, constituant une exception à la règle générale de l'art. 732, C. civ., en s'attachant à l'origine des biens, « il est, par conséquent, de la nature de ce droit de ne pouvoir être exercé que dans les conditions, dans les limites et au profit des personnes déterminées par la loi ». Le silence du texte légal quant aux descendants des frères et sœurs légitimes, fait également observer la Cour suprême, est d'autant plus significatif que le même texte appelle, au contraire, à la succession ordinaire les frères et sœurs naturels ou leurs descendants.

Une autre question assez voisine de la précédente et qui est également demeurée sans solution légale, s'est présentée récemment devant la Cour de Paris. Le fils d'un frère natu-

---

(1) Sénat, session 1895, n° 8, p. 19.

(2) 1ᵉʳ juin 1853 (D. P. 53, 1, 177 ; S. 53, 1, 481). Joign. Laurent, t. IX, n° 175 ; Huc, t. V, n° 111. Comp. Baudry-Lacantinerie et Wahl, *Successions*, n° 756. L'assimilation proposée par la Chambre était faite cependant par d'excellents auteurs. Voy. Demolombe, t. XIV, n° 156 ; Aubry et Rau, t. VI, p. 347.

rel demandait l'envoi en possession de la succession de sa
tante naturelle, en invoquant la disposition finale de l'art.
766, d'après laquelle, à défaut de postérité et de père ou
mère, la succession ordinaire de l'enfant naturel passe « aux
frères et sœurs naturels *ou à leurs descendants* ». Un arrêt du
26 mars 1891 (1) rejeta cette demande, la dénomination de
descendants devant, dans un texte exceptionnel comme celui
dont il s'agit (comp. anc. art. 756, *in fine*, et actuellement
le nouv. art. 757), être réservée aux seuls descendants légitimes (2).

Sur cette question, comme sur toutes celles, pour la solution desquelles la loi nouvelle n'est venue apporter aucun
élément nouveau de solution, nous ne pouvons que ren-
voyer aux commentaires, d'ailleurs si nombreux, publiés sur
les successions.

33. Un dernier point se recommande tout particulièrement
à notre attention comme constituant une innovation impor-
tante de la loi de 1896 quant à la succession passive de l'enfant naturel,

Précédemment, un parent naturel quelconque ne pouvait
constituer qu'un successeur irrégulier.

Nous avons déjà vu le législateur de 1896 soustraire l'enfant naturel à cette catégorie inférieure de successeur *ab intestat* pour l'élever au rang d'héritier, et lui attribuer, en
conséquence, la saisine légale.

Or, il a fait exactement la même chose dans la succession
passive de l'enfant naturel au profit de ses père et mère.

L'art. 765, en effet, comme les dispositions relatives aux
droits successoraux des enfants naturels, a été détaché du
chapitre des successions irrégulières pour former une section 6 du chapitre consacré aux héritiers proprement dits.
Il est manifeste, dès lors, qu'en accordant indifféremment

---

(1) D. P. 1891, 2, 172 ; *Rev. Not.*, nº 8475.

(2) L'opinion la plus accréditée en doctrine se prononce dans
le même sens. Voy. not. Aubry et Rau, t. VI, p. 340 ; Laurent,
t. IX, nº 151 ; Demolombe, t. XIV, nº 162 ; Huc, t. V, nº 112 ;
Baudry-Lacantinerie et Wahl, *Successions*, t. I, nº 746.

la saisine héréditaire aux héritiers légitimes, et aux héritiers
« *naturels* », c'est-à-dire aux héritiers dont la vocation héréditaire se fonde sur la parenté naturelle, le nouvel art. 724
comprend à la fois sous ce dernier terme ces deux ordres
de successeurs.

Les conséquences que nous avons tirées de cette modification de notre hiérarchie successorale au double point de
vue actif et passif, quant aux enfants naturels, s'applique-
raient également à leurs père et mère.

La liste des successeurs irréguliers ne comprend donc
plus comme parents naturels (1) que les frères et sœurs de
l'une et de l'autre catégorie indiquées par l'art. 766.

Ces parents naturels seuls sont aujourd'hui dépourvus de
la saisine légale, et devraient, en conséquence, conformément
à l'opinion générale (2), se faire envoyer en possession par
la justice.

IV

RÈGLES TRANSITOIRES.

34. Un principe essentiel s'impose à toutes les lois nou-
velles : elles ne règlent que l'avenir.

Bacon comprenait ce principe dans ce qu'il appelait *les lois
des lois* (*legum leges*) (3) ; et l'art. 2 du Code civil en a fait
l'une des règles fondamentales de notre législation.

M. Demolombe expose ainsi fort bien la portée de la non-
rétroactivité des lois en matière successorale :

« S'agit-il d'une succession ouverte avant la promulgation d'une loi changeant l'ordre des successions *ab intestat* ?
c'est la loi ancienne qui est incontestablement applicable.
D'une part, le fait est accompli, d'autre part, ce fait a été la

---

(1) Il est clair que l'enfant naturel ne peut, aussi bien en ligne
collatérale qu'en ligne directe ascendante, avoir que des parents
naturels, nonobstant la qualification inexacte de frères et sœurs
légitimes donnée par l'art. 766 aux enfants légitimes de l'auteur
commun.

(2) Voy. Baudry-Lacantinerie et Wahl, et les autorités qu'ils
citent, *Successions*, n° 928.

(3) Sect. 6, aphor. 47.

cause efficiente, le principe générateur de l'attribution des biens aux héritiers...

« S'agit-il d'une succession future ? c'est la loi nouvelle qui devra être appliquée ; alors en effet aucun fait accompli ; aucune cause efficiente de transmission réalisée ».

La loi du 25 mars 1896 ne saurait donc régir que les successions ouvertes depuis sa promulgation. Nous ajouterons même : depuis sa promulgation dûment réputée connue par l'accomplissement des conditions requises pour la publication d'ailleurs fictive des lois (1).

35. Même pour les successions ouvertes sous l'empire de la loi nouvelle, le législateur (art. 9, § 1er) a cru devoir tenir compte d'un fait accompli antérieurement, et désormais interdit : le pacte sur succession future avec exhérédation, précédemment autorisé par l'ancien art. 761.

« L'acte passé par le père ou la mère est valable, faisait observer au nom de la commission du Sénat le rapporteur, M. Dauphin, parce qu'il a eu lieu dans la plénitude de leur droit, avec un double caractère d'irrévocabilité et de dessaisissement (2) ».

Dans la séance du 25 mars 1895 (3), M. Demôle combattit cette disposition, et demanda que l'enfant naturel pût, nonobstant l'acte par lui souscrit dans les termes de l'art. 761, réclamer ses nouveaux droits successoraux dans les successions ouvertes depuis la promulgation de la loi nouvelle.

Le Sénat s'en tint à l'avis de sa commission, et refusa, sur l'observation de M. Dauphin, de donner à cette loi nouvelle un effet rétroactif « pour des choses qui se sont passées... sous l'empire d'une autre législation ».

On fit cependant une part à la loi nouvelle en décidant que la moitié réservée par l'art. 761 à l'enfant naturel, subissant l'exhérédation dont il s'agit, se calculerait d'après ses nouveaux droits successoraux, attendu que « de droit commun, les règlements des successions s'opèrent suivant la législation du jour où elles s'ouvrent (4) ».

---

(1) Comp. décret du 5 novembre 1870.
(2) Sénat, session 1895, n° 8, p. 21.
(3) *Officiel* du 26 mars 1895.
(4) Rapport de M. Dauphin, *loc. cit.*

36. Le paragraphe 2 de l'art. 9 édicte une autre règle transitoire concernant également des actes passés sous l'empire de l'ancienne législation.

Il s'agit de dispositions à titre gratuit faites par le père ou la mère.

Ces libéralités sont soumises à la réduction, en calculant la réserve de l'enfant conformément à la loi nouvelle.

Cette solution allait de soi pour les dispositions testamentaires, qui ne confèrent au légataire, avant l'ouverture de la succession, qu'une simple espérance.

Mais il en était tout autrement pour les donations entre vifs conférant, au contraire, immédiatement au donataire un droit irrévocable.

M. Franck-Chauveau proposa au Sénat (1) un amendement ainsi conçu :

« La présente loi ne pourra modifier les droits résultant des donations entre vifs ou d'institutions contractuelles antérieures à ladite loi ».

Cet amendement renvoyé à la commission n'eut pour résultat que de provoquer une solution diamétralement contraire à celle que proposait son auteur.

La commission fit décider (2) que le calcul de la réserve de l'enfant naturel aurait lieu selon la législation existante au moment du décès du disposant, alors même que ce dernier aurait fait des donations entre vifs antérieures à la promulgation.

La solution de M. Franck-Chauveau aurait été, selon nous, plus conforme à la règle de la non-rétroactivité des lois.

En tout cas, on nous fera difficilement comprendre comment le même art. 9, après avoir soustrait à la loi nouvelle une convention, à raison, comme nous l'a dit M. le rapporteur lui-même, de son « double caractère d'irrévocabilité et de dessaisissement », soumet au contraire à son empire d'autres conventions offrant précisément le même double caractère.

---

(1) Séance du 21 juin 1895 (*Officiel* du 22 juin).
(2) Séance du 27 juin 1895 (*Officiel* du 28 juin).

TABLE DES MATIÈRES

Imp. C. Saint-Aubin et Thevenot. — J. Thevenot, successeur, St-Dizier (Hte-Marne).

Imp. G. Saint-Aubin et Thevenot. — J. Thevenot, successeur, Saint-Dizier (Hte-Marne)